EU VEJO VOCÊ

LIVRO ORÁCULO

Fabí Fortunato

EU VEJO VOCÊ

LIVRO ORÁCULO

MADRAS®

Editor:
Wagner Veneziani Costa (*in memoriam*)

Produção e Capa:
Equipe Técnica Madras

Revisão:
Ana Paula Luccisano
Arlete Genari

Dados Internacionais de Catalogação na Publicação (CIP)
(Câmara Brasileira do Livro, SP, Brasil)

Fortunato, Fabí Eu vejo você : livro oráculo / Fabí Fortunato.
-- São Paulo : Madras, 2025.

ISBN 978-65-5620-093-4

1. Astrologia 2. Oráculos I. Título.

24-217788 CDD-133.5

Índices para catálogo sistemático:

1. Astrologia 133.5

Cibele Maria Dias - Bibliotecária - CRB-8/9427

MADRAS EDITORA LTDA.
Rua Paulo Gonçalves, 88 – Santana
CEP: 02403-020 – São Paulo/SP
Tel.: (11) 2281-5555 – (11) 98128-7754
www.madras.com.br

Agradecimentos

Quero agradecer a Deus, que até aqui tem me sustentado. À minha Espiritualidade Maior, ao meu Mestre Jesus por sempre me Guiar com tanto amor. Aos meus pais, Vera e Reginaldo, à minha irmã Sara, ao meu companheiro Thiago e a todos os amigos e os conhecidos que tanto têm me apoiado nas minhas aventuras holísticas.

Agradeço aos meus seguidores, que muito me apoiam e sempre estão ao meu lado, me fortalecendo como alma e como pessoa.

Agradeço à Madras Editora por confiar neste trabalho e fazer dele algo real.

Agradeço ao Universo pela oportunidade de fazer isto, de estar aqui, no agora, vivendo este momento incrível.

Introdução

Sou Fabíola Fortunato, publicitária, comunicadora, astróloga, taróloga, palestrante, autora e por aí vai. Essas são versões minhas que hoje já tenho consciência, mas sei que ainda existem inúmeras partes de mim que ainda vou descobrir.

Nesta jornada de autoconhecimento, o que mais venho aprendendo é que estamos SEMPRE EM TRANSFORMAÇÃO, e que o meu eu de ontem não é igual ao meu eu de hoje.

O autoconhecimento é o nome dado para a compreensão de nós mesmos. É um olhar para dentro, uma viagem de volta para casa.

Nosso mapa aponta que, após nosso retorno de Saturno no Mapa Natal, ou seja, por volta dos 27 aos 35 anos, tomamos mais consciência do que viemos fazer aqui nesta Terra, e isso é sim muito real. Comigo não foi diferente: aos exatos 35 anos, tudo virou do avesso e as coisas começaram a fazer e trazer novos sentidos para a minha vida.

Saí do mundo corporativo e mergulhei no caminho da minha alma. Entendi o princípio do meu propósito e dei voz à minha intuição. Mergulhei nos estudos e tenho sede de conhecimento. Assim, nasceu a Astrologie-se, hoje uma marca que abrange meu canal no YouTube, no Instagram e em todas as redes sociais.

Sou uma mensageira. Levo ao mundo as mensagens que sempre chegam ao endereço certo. Meu trabalho hoje é ser uma maga que se inspira no Céu e se materializa na Terra.

Astrologia sempre fez parte da minha jornada. Desde os 12 anos de idade, sou apaixonada pelo Céu, a culpa disso é da Dona Carmem, minha avó, que me ensinou tudo sobre a Lua, mesmo sem ter nenhum conhecimento de Astrologia. Nossos ancestrais nunca falham!

O tarô entrou bem depois, mas ambos sempre foram um refúgio e uma forma de compreensão dos Mistérios do Universo.

Hoje formo e influencio pessoas, levo conhecimento, sempre aqui, na minha humilde posição de ser humano de aprender cada vez mais.

A Fé sempre me acompanhou, e minha espiritualidade com meu Mestre Jesus é a âncora de tudo que tenho e faço. Sei que não sou perfeita, mas quero ser melhor, cada dia mais.

Acredito fielmente que, quando estamos dispostos, a mágica acontece.

A ideia deste livro é de que você se veja com os olhos de Deus, do Universo, do Cosmos, do Seu Eu Superior, como você preferir chamar.

Você é uma joia rara em processo de lapidação. Só precisa se ver assim.

Uma linda jornada para você! A minha jornada saúda a sua com amor, respeito e muito acolhimento.

Para Quem é Este Livro?

Para pessoas. Para gente de verdade. Para seres humanos que em algum momento se desconectaram de si mesmos.

Para mim, para você, para nós. Estamos no mesmo barco e essa viagem longa ainda está no começo.

Idealizei este livro como uma "bússola", um direcionamento para a nossa alma. Está inspirado nos Astros, na energia Celeste, portanto, vamos mergulhar no nosso Sistema Solar, no nosso núcleo e na nossa essência.

A sincronicidade existe. Você não está aqui por acaso. O Universo envia sinais o tempo todo, mas precisamos estar abertos ao entendimento. Ouça a voz da sua intuição, ela é real. Abra o coração. Que este livro lhe diga a o que a sua alma precisa se conectar.

Para que Serve?

Este livro é o sussurro da sua alma guiando você para a iluminação, o *self*, segundo a Psicanálise e a Psicologia Analítica. O *self* é a consciência de si mesmo.

"Até que se torne consciente é o inconsciente que vai guiá-lo" (Jung).

Trata-se de um passeio pelos Astros que nos ajudará a entender a energia emanada pelos Planetas e pelo Coração do Cosmos. Tudo aquilo que está em cima é igual àquilo que está embaixo.

Este livro é aquela luz no fim do túnel, para acalmar, acolher, trazer guiança e muita esperança ao seu coração.

Escute e exercite a sua intuição. Este livro vai ajudá-lo a confiar naquilo que você não vê, mas sente.

Lembre-se:
VOCÊ É O ORÁCULO!

Como Usar?

Você pode usá-lo como livro de cabeceira, indico muito. Mas ele é um livro oráculo, então, sempre que necessitar, respire bem fundo, pegue seu livro e:

Feche os olhos;

Aproxime o livro do chacra cardíaco (pertinho do coração);

Mentalize sua questão, ou apenas abra seu coração para receber uma mensagem.

Gire o livro sete vezes e abra-o "aleatoriamente". A mensagem ou a resposta à sua questão estará ali, diante dos seus olhos. Os Astros veem Você!

Às vezes, o sentido só será percebido depois, mas saiba, você terá a sua resposta. A nossa vida é Guiada pelo Tempo Divino.

Pegue o que fizer sentido e jogue para o Universo.

É sempre importante deixar um cristal por cima do livro, cristais são elementos que vibram, limpando e transcendendo as energias psíquicas inclusive. Indico uma selenita ou ametista.

Tire uma mensagem sempre que sentir no coração que necessita dela. A energia é fluida, quanto mais conectados ao fluxo da vida, sem a interferência do ego, mais conseguimos viver o presente e digerir as orientações sem ansiedade.

A proposta é trazer um acalento para sua alma.

Este livro jamais deverá ser usado para outro fim que não seja estender a mão, ajudar, olhar para dentro ou iluminar a vida de alguém. Vamos edificar uns aos outros.

Os Astros trazem recados para que você enxergue a pessoa incrível que Você É.

Esta viagem tem destino certo:
vamos voltar para casa...

Sol

A sua essência é única no mundo. Deus sabe o nome de todas as estrelas, o seu está escrito no livro da vida. Não busque ser a melhor versão, seja a sua versão. É chegada a hora de mostrar ao mundo quem você é de verdade, tire a roupa de super-herói e vista-se da sua luz.

Lua

Você tem ouvido seus sentimentos?
O corpo fala quando a gente negligencia as emoções. Você está recebendo um chamado para compreender seus sentimentos e equilibrar suas emoções.
Acalme o ***tsunami*** e navegue por águas tranquilas. Confie, o Universo tem um plano para você.

Mercúrio

Dizer o que pensa é parte da jornada de sucesso. Compartilhe seus pensamentos, ideias, troque informações e divida conhecimentos. Você está entrando no ciclo de trocas, é importante que saiba que o caminho a partir de agora é com o outro. Não se isole e una-se a pessoas que lhe agreguem intelectualmente.

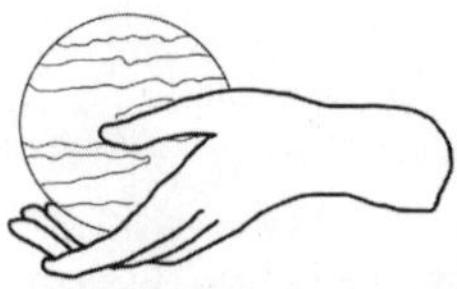

Vênus

Você precisa olhar os seus padrões de relacionamentos. Tem ciclo se repetindo e isso vem das suas crenças. Não aceite menos do que você merece e jamais negocie sua autoestima. Mude seu padrão de vibração e comece a atrair o que você merece viver.

Marte

A iniciativa é a chave da realização. É hora de começar ou recomeçar a sua vida. O símbolo do masculino pede garra, coragem e determinação. Pare de procrastinar o que já deveria ter começado e coloque a mão na massa.

Saturno

Por que tanta cobrança? Para que ser tão duro consigo? Essa rigidez pode ser o que você aprendeu ser o certo, mas não é. Traga mais compaixão para a sua vida, se perdoe, solte o controle e não leve tudo a ferro e fogo. Você é um ser abençoado, liberto e livre.

Júpiter

Liberte-se das tensões e traga um clima mais otimista para sua vida! É hora de sair da bolha e se lançar na vida com muita alegria. Faça alguma coisa que nunca fez, viaje para um lugar nunca visitado, conheça pessoas com visões diferentes da sua, coma algo pela primeira vez, mas faça diferente!

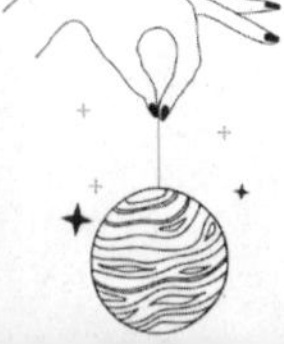

Urano

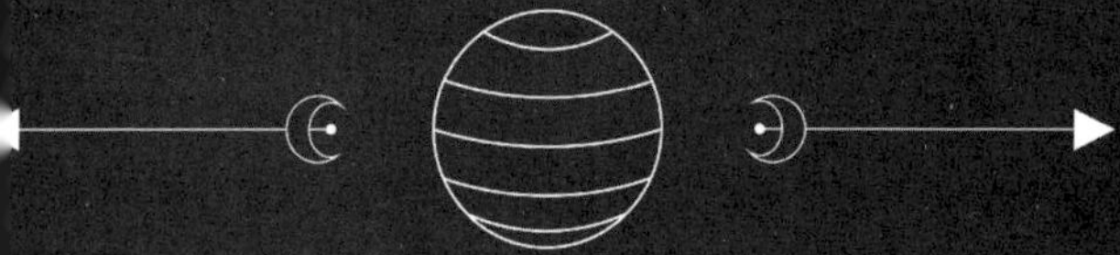

Prepare-se para as surpresas! Pare de roteirizar a vida e aprenda a receber os milagres. As melhores coisas da vida acontecem do "acaso", já reparou? Abra seu coração e diga ao Universo que você está pronto para receber as suas bênçãos, e que você terá discernimento para lidar com o desconhecido.

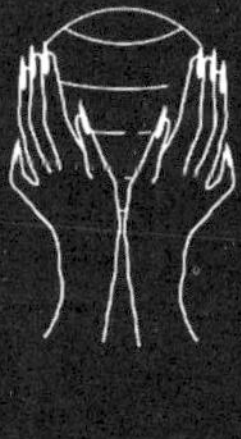

Netuno

Repare nos sinais que seu inconsciente está lhe enviando. Você está recebendo informações importantes, não as ignore. Fique atento aos seus sonhos, pois muitos direcionamentos serão enviados. Há recados celestiais para sua vida que estão sendo enviados por meio das sincronicidades.

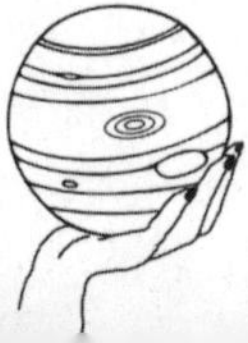

Tudo o que é para ser
seu tem uma força enorme,
não é você que controla.
Acalme seu coração, pois,
independentemente das voltas
que a vida der, chegará ao
lugar que foi feito para você.
Não há nada mais forte do
que o caminho de
alma que foi traçado
para você.

Sol

É trabalho para uma vida inteira, então para que a pressa? Deixe de lado a urgência e a necessidade de controlar tudo. Respire. Há processos que levam tempo, e isso não significa que você está parado, mas sim que viver a experiência no presente é aprender a lidar com os desafios, sem colocar em dúvida as suas capacidades.

Lua

Veja este recado: a Lua pede que você nutra seu templo externo e interno de amor, afeto, colo, carinho e compaixão. Você vem passando por muitas situações que lhe tiraram a mágica de sonhar. Ative sua criança interior e se dê o apoio e o incentivo que um dia faltou. É necessária a reconexão com as águas mais profundas.

Não negocie a sua Paz.
Há momentos em que é melhor não gastar energia com quem não quer ouvir. Não tente convencer ninguém, quem gosta de você não precisa ser convencido, quem escolhe ficar é por livre-arbítrio, não por pressão.

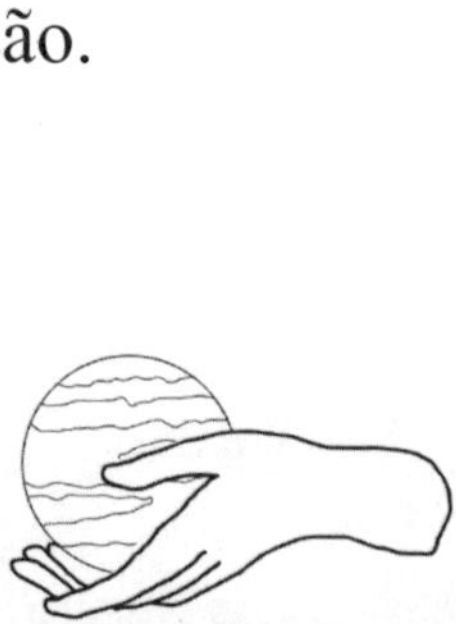

Vênus

A beleza da vida é como um espelho. Como você se vê? Você se olha com amor ou com julgamento? Na vida, somos julgados o tempo todo, não seja cruel consigo mesmo. Quando você se olhar como o grande amor da sua vida, todas as pessoas o enxergarão assim.

Deus não quer seu sacrifício,
Ele quer um relacionamento
saudável com você. Deus não
é punitivo, Ele é Amor. Se o fardo
está pesado não é porque
Deus quis assim, o julgo
é suave e o fardo é leve.
Perdoe-se, Deus já fará
tudo novo, de novo.

Saturno

O tempo é implacável, ele vai passar de qualquer jeito. O que você vem fazendo com o seu? Já parou para pensar que um dia retornaremos para casa e o questionamento é: o que você fez desse presente que recebeu chamado vida? Traga mais amor e alegria para os seus dias.

Crescer dói, não é nada confortável.
Transformar conceitos e
valores é algo que desconstrói o ego
e isso incomoda. Você está em
transição de ciclo e tudo parece
realmente meio confuso,
mas mantenha a Fé acesa e solte o
controle. Quando a gente solta,
entende que tudo tem um propósito e
não nos obrigamos mais a nada.
Sinta o fluir da vida sem criar
expectativas, surpresas nem sempre
são ruins; milagres acontecem.

Urano

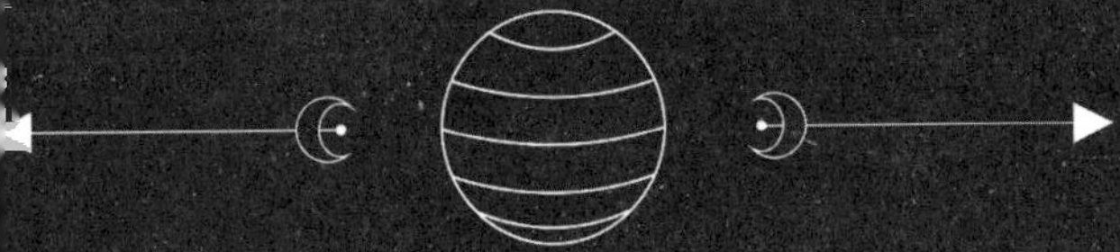

Qual legado você quer deixar no mundo? Qual é a sua marca registrada? A sua autenticidade é o seu DNA. Você se sente diferente dos outros? Isso tem uma razão. Aprecie sua originalidade, ela faz você ser único no mundo.

Plutão

Você não acessa o novo se não desapegar do velho. Quanto mais persistimos em viver o mesmo, mais longe do diferente a gente se encontrará. Diga adeus ao passado e mostre ao mundo a sua nova versão. A lagarta saiu do casulo e virou uma linda borboleta.

Netuno

A intuição é a bússola da alma.
É o meio pelo qual a espiritualidade
fala com você. Parece confuso,
pois não sabemos como sabemos,
mas sabemos! Você está com
a intuição aflorada e, em breve,
receberá um recado importante.

A sincronicidade está alertando você. Está vendo horas iguais? Anda acordando no meio da madrugada? Está escutando de situações diferentes o mesmo recado? Fique atento, pois os anjos estão falando com você e querem lhe mostrar algo importante.

Sol

Quando atravessamos um vale escuro, a última coisa que devemos fazer é nos desesperar. O desespero cega. Não haveria Luz se não fosse a escuridão. Os opostos se complementam. Jogue um foco de luz e não haverá mais sombra.

Lua

Sua sensibilidade é a sua varinha mágica. É Seu Guia Interior, é sua Intuição que grita! Confie no que está sentindo, você está recebendo sinais por meio de sonhos, visões, sensações e pressentimentos. Essa força é ancestral, não lute contra ela, apenas se coloque à disposição da Espiritualidade para ser instrumento.

Mercúrio

Vigie seus pensamentos.
Eles são exatamente o que você
vai materializar, tenha cuidado com o
que intenciona. Não lute
contra os pensamentos destrutivos,
ilumine a sombra e deixe-os passar,
o importante aqui é racionalizar
as coisas e não cair na paranoia.
Os pensamentos podem levar
a gente lá para cima, como podem
fazer a gente cair.

Vênus

O amor-próprio é uma construção dos nossos desejos. Para sermos bem resolvidos, precisamos nos orgulhar da pessoa que somos, da nossa história, da beleza que carregamos e dos valores que temos. Você não é para qualquer um não, meu bem, valorize-se e tenha paciência com o seu processo. A beleza está nos detalhes e não na arte-final.

Marte

O Universo pede movimento! Água morna não serve nem para fazer chá. Levante a cabeça, sacuda a poeira e dê a tão sonhada volta por cima. A vida não gosta de gente desencorajada, do jeito que está não há mais possibilidades. Então, o que lhe resta é movimentar as peças desse tabuleiro de xadrez e dar o xeque-mate.

A sua exaustão vem da falta
de limites que você não coloca nos
outros. Aprenda a dizer não e tirará
um fardo gigantesco das suas costas.
Não abrace o mundo, você
não vai dar conta e tudo bem por
isso. Você é um ser humano
aprendendo também.
Não importa a idade que você
tem, somos eternas crianças
aprendendo com nossos erros.

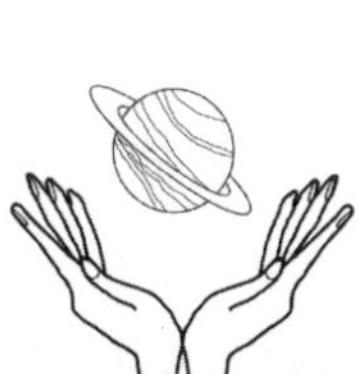

Júpiter

Dance com a vida! Não leve tudo tão a sério, ria até a barriga doer, resgate sua criança, "mete o louco", você não nasceu para se sentir condicionado a nada, você não é obrigado a nada, você nasceu para ser feliz. Não se permita ser validado por ninguém. Você é livre!

Desobrigue-se. Não se sinta responsável pela felicidade alheia. Quem o ama de verdade aplaude seus voos. Tire o poder de quem o controla. Não caia em chantagem emocional. Você está perdendo muito tempo tentando deixar todos bem, e essa tarefa é desleal consigo.

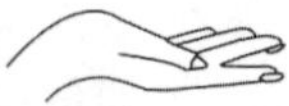

Plutão

Renascer faz parte do processo. Até a dor precisa ter fim. Quanto mais choramos o leite derramado, mais alimentamos a situação dentro de nós. É tempo de renascer das cinzas e assumir o seu lado Fênix. Volte brilhando e ainda mais forte.

Netuno

Não se assuste! Você está desenvolvendo habilidades sensoriais, a sua antena holística está desperta, você será instrumento de cura nesta vida. A espiritualidade o chama para um Plano Maior e você precisará estar atento para ver com os olhos da alma. Faça meditações para o chacra do terceiro olho.

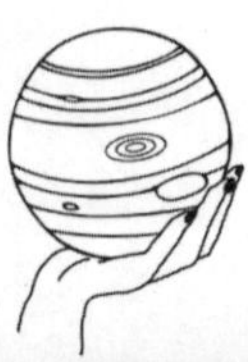

O tempo humano (***cronos***) é
medido em dias, meses e
anos. Estamos encarnados e
não podemos escapar desse
tempo. O Tempo
de Deus é o ***Kairós***, um
tempo de oportunidades para
nos alinharmos com o nosso
propósito espiritual.
O Tempo Divino não é
medido, é sentido. Acalme o
seu coração,
pois você não está atrasado
para nada.

Vênus

O que ou quem você vem valorizando? É hora de rever conceitos e voltar-se para si. Por muitas vezes, pelo barulho externo, pelas cobranças também, nós começamos a valorizar coisas que não têm absolutamente nada a ver com a gente apenas para nos encaixarmos nos padrões ou corresponder às expectativas alheias. Vale a pena até que ponto?

Marte

Lute pelo que você quer.
Não espere que um super-herói
venha salvá-lo, seja você seu
próprio salvador. Trabalhe
o arquétipo do guerreiro, aquele
que não foge de suas batalhas.
O reconhecimento virá e você será
aplaudido, inclusive por quem não
acredita em você, mas para isso,
precisa aprender a defender
o que é seu por direito.

Há momentos na vida em que a gente se sente sozinho. Saiba que precisamos ir para o deserto para digerir toda nossa trajetória, para curar as nossas feridas, para preservar a nossa energia. Saia do palco, retire-se um pouco, reserve esse tempo para o seu bem-estar. Observe mais e faça uma análise profunda. Busque o autoconhecimento, a terapia, tudo que o conecte com a sua essência. Você não está perdido, só precisa se reencontrar.

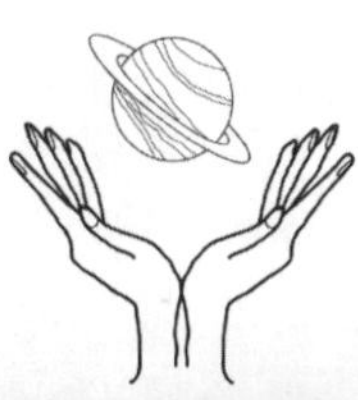

Júpiter

Todo excesso esconde uma falta.
Você anda desperdiçando
muito seu amor, sua energia e
seu dinheiro em coisas que não lhe
trarão retorno. Poupe-se!
É hora de repensar as
extravagâncias e mirar o foco no que
realmente deve frutificar.

Urano

Pense lá na frente, mas esteja presente quando fizer suas escolhas conscientes. São elas que farão o seu futuro, é no hoje que você deve focar, o amanhã nem chegou, o passado já foi. Não é à toa que o presente se chama "Presente".

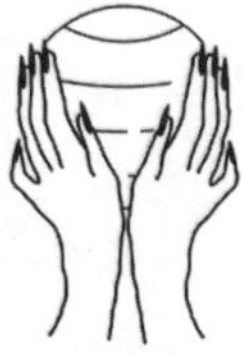

Plutão

Ressignifique seu momento.
Você precisa fazer uma alquimia com a sua vida. Transforme chumbo em ouro e refaça tudo. Recomece.
Transmute tudo o que um dia foi dor para que se torne flor.
Ressignificar é ter flexibilidade para se adaptar aos momentos de transformações e mudanças.

Netuno

O despertar da consciência acontece quando estamos dispostos a evoluir. Despertar é enxergar além do que se vê. Você é o seu próprio oráculo. Apenas sintonize essa frequência, pois as respostas de que precisa estão dentro de você.

Para que tanta pressa?
Você está no lugar certo,
vivendo a experiência certa,
com as pessoas certas para
alcançar uma plenitude.
Essa sensação de impotência
vem de tantas cobranças que você
vem fazendo a si mesmo.
Você tem o seu tempo e tudo
vai caminhar para o seu bem maior.

Sol

O brilho mais bonito vem de dentro. Não adianta cuidar do externo se o interno está apagado. A sua luz é parte de um Todo e precisa ser descoberta por você. Silencie o barulho de fora e escute sua alma.

Lua

O que você materna? Por vezes, maternamos a mãe, o irmão, o *crush* e nos esquecemos de nutrir a nós mesmos. Você é uma pessoa que nasceu para ser porto seguro, mas até os fortes necessitam de cuidados. A diferença do remédio e do veneno é a dose, portanto, na mesma proporção que você se doa, precisa receber de volta.

Mercúrio

Idealize a vida que você quer. A quantos passos você está disso? É momento de listar as prioridades. Você está desperdiçando energia psíquica com o que ainda nem aconteceu e isso pode estar lhe gerando ansiedade. Faça boas escolhas no hoje, pode ter certeza de que terá resultados diferentes.

Vênus

Aprendemos muito com as nossas relações. Intencione relações que formam alianças, que sejam laços e não nós. A reciprocidade é algo fundamental em um relacionamento se isso não está acontecendo, tem algo muito errado. A Lei da Troca fala que tudo que for criado deve ser doado, trocado, por algo de igual valor. Não desperdice seu amor com quem não sabe amar você.

Marte

Você está na fase da vida em que é o pioneiro. É você quem escolhe, a mira é sua. Assuma com autonomia o comando, e não aceite mais ser a opção de alguém ou ser refém de uma situação. Você será o primeiro a pisar onde ninguém da sua família pisou, mostrará que o impossível é só questão de opinião.

Respeite seus próprios limites. Somos criados numa geração de imediatismo, ninguém tem mais paciência para nada. Ora, quando foi que você conseguiu ver sua série favorita ou ler um livro? Quanto tempo faz que não vai comer seu bolo favorito na casa de seus pais? Desacelere, coloque-se na condição de humano.

Júpiter

O momento é de crescimento
e expansão. Tudo que você
intencionar vai tomar uma proporção
muito grande na sua vida e
vai impactar no seu futuro.
Então, coloque numa balança se
ainda vale a pena se desgastar ou se
você deve vibrar em outros caminhos
mais prósperos. É uma escolha.

Urano

O diferente pode ser melhor. Você se acostumou com o que disseram a você, contudo, não é bem assim. O avanço vem quando permitimos as novas experiências. Elas não serão previstas por nós, mas sim pela vida. Ative a sua consciência e experimente formas novas de caminhar.

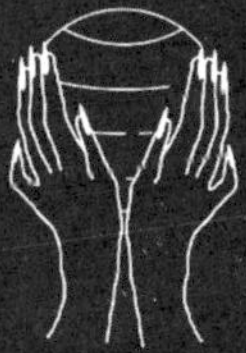

Traga um sentido novo para sua vida! Você vem vivenciando as mesmas coisas e isso está no limite. Quando não souber por onde começar, comece pelo lado de dentro. A sua vida não é sem graça, ela só precisa ter um encontro com um sentido, algo que faça sua alma renascer.

Netuno

Religião é diferente de Espiritualidade. Independentemente da sua crença, é preciso rever se o *religare* está acontecendo. *Religare* significa se religar com o Divino. A Espiritualidade é algo maior, que abrange todas as egrégoras de um Plano Divino. Espiritualize-se mais e entenda que somos gotas do mesmo mar.

Você é uma Centelha Divina;
já resgatou sua identidade
espiritual? Você faz parte do
Todo e o Todo faz parte de
você. Não busque fora, só
olhando para dentro achará
as respostas.
Silencie, sinta-se um ser
divino. Imagine uma luz
dourada crística envolvendo
todo o seu ser e repita:
EU SOU um ser Divino!

Sol

Pare de resistir à sua prosperidade. Prosperar é ter em abundância, e isso está acessível a você. Cure suas crenças de escassez, sinta-se merecedor do que há de melhor nesta vida. Nutra-se de tudo o que lhe faltou, a partir de agora, você vai acessar a sua herança espiritual. Sinta.

Lua

Já dizia o poeta: "o passado é
uma roupa que não nos serve mais".
Não adianta querer seguir adiante
se há questões mal resolvidas.
Faça as pazes com a sua história,
dissolva alguns nós energéticos,
libere-os de dentro do seu coração e
se abra para um novo ciclo.
Leve com você apenas o que
contribui para sua jornada.

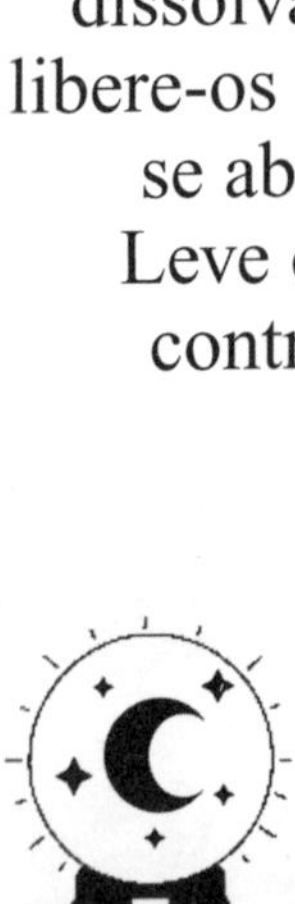

Quem fala o que quer, ouve o que não quer! Esse ditado precisa ser desconstruído. Quem tem boca vai a Roma, e vai mesmo! O segredo está na forma como falamos e impomos nossos ideais. Você pode e deve falar o que pensa, com o cuidado de não invadir o espaço do outro. Fale, calada não há como vencer não, viu?

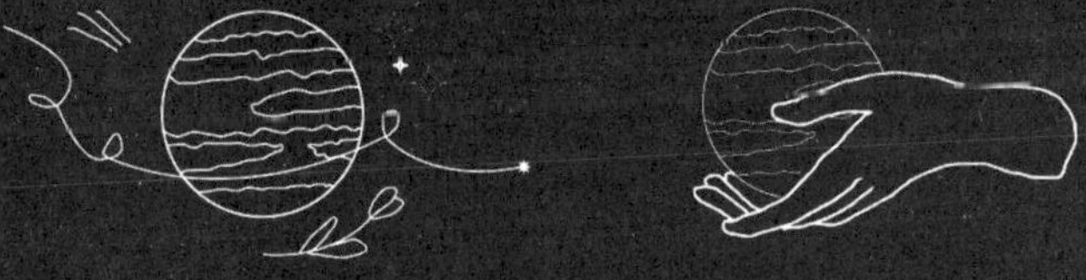

Vênus

Boas parcerias estão prestes a chegar! Alguém especial cruzará o seu caminho e isso trará muita alegria na sua vida. Se for no campo afetivo, é uma paixão daquelas de tirar o ar; mas se for no profissional, uma sociedade ou contrato de longa data pode acontecer. É muito favorável para fechar acordos.

Marte

Não seja agressivo consigo mesmo.
Querer, desejar são combustíveis
para a alma, mas saiba
reconhecer os seus limites.
Se o fardo está pesado, assuma sua
vulnerabilidade de ser humano,
você não é uma máquina.
Pegue um tempo para descansar
e recomece quando se sentir apto
a enfrentar os desafios
necessários. Pause.

Saturno

Todo processo precisa de tempo. Há um propósito para tudo debaixo do Céu. Lembre-se de que tudo é passageiro, tenha paciência com o seu momento. Tire seus aprendizados, deguste a vida! Mesmo nos momentos mais difíceis, aprendemos. Você consegue ver beleza onde não há luz? Acredite, existe muita beleza na sombra.

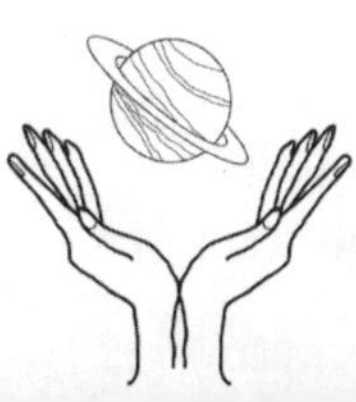

Júpiter

A sorte está disponível para todos, você pode agarrar a sua! Trabalhe suas crenças negativas, transmute-as e transforme isso em algo bom. Vamos substituir a palavra sorte por bênçãos. Repita: eu sou abençoado e mereço viver o melhor desta vida.

Urano

A imprevisibilidade da vida nos faz crescer. Já pensou se tudo acontecesse como idealizamos? Lidar com imprevistos faz parte do processo e traz crescimento. Hoje você pode não entender algumas coisas, mas amanhã vai agradecer.

Plutão

A transformação acontece quando você permite. Não adianta brigar com a vida e questionar a espiritualidade se você não dá abertura para que tudo se transforme. Permita que o Universo trabalhe a seu favor e não entre em conflito. Aceite e tenha consciência do que precisa ser transformado, abrace a sua profundidade e pare de se envolver com pessoas rasas.

Netuno

Cuidado com essas paranoias que andam atrasando sua vida. Nem tudo o que pensamos é real, a mente é cheia de armadilhas. Coloque os pés no chão e enxergue a realidade. Fantasias podem levá-lo a ter uma desconexão com a realidade. Respire e não pire!

Eu escutei cada oração feita,
você não ficará sem suas
respostas. Compreenda
que o seu tempo não é o
Meu, mas pode ter certeza
de que será perfeito.
Transformarei suas lágrimas
em sorrisos
e enviarei o seu Milagre.

Sol

A sua autoestima não pode ser validada por ninguém. Quando colocamos a nossa felicidade nas mãos de terceiros, corremos o risco de não termos o valor que merecemos ter. A sua cura está nas relações. Troque com quem o eleva e não permita que as pessoas acessem em você um lugar que é Sagrado.

Lua

Você anda sensível e precisa prestar atenção nisso. O arquétipo feminino vem para alertar! Todos temos o masculino (para fora) e o feminino (para dentro). Talvez, você venha se empenhando muito e precisa estar na linha de frente, tudo bem por isso. Mas... É necessário sentir. Busque um colo para descansar e troque afetos.

Preste atenção para não cair na lábia alheia! Fique atento ao que é dito a você e se as atitudes condizem com o que é prometido. Manipulação e chantagem podem acontecer se nós permitirmos. Ouvidos atentos ao que chega até você e filtro ativo para discernir o que verdadeiramente faz sentido ou não. Não se deixe ser manipulado.

Desarme-se! Nem tudo
é conspiração contra
você. Por vezes, estamos
muito calejados e perdemos
oportunidades novas
por estarmos no mecanismo
de defesa. Baixe a guarda.

Marte

Algumas lutas você não vai ganhar na força do braço, mas sim na estratégia. Lembre-se de que Davi venceu Golias com três pedrinhas. Por vezes, o gigante aparenta ser maior do que realmente é. Com a estratégia certa, você vai superar todos os obstáculos sem precisar se desgastar.

Saturno

Você está se comprometendo de verdade com seus objetivos? Não estamos falando de matéria, mas de propósito. Pare de procrastinar e comece a fazer o que precisa ser feito. Por vezes, nossas decisões impactarão na vida dos outros e, por isso, vamos sempre deixando para depois. Não adie mais e se comprometa.

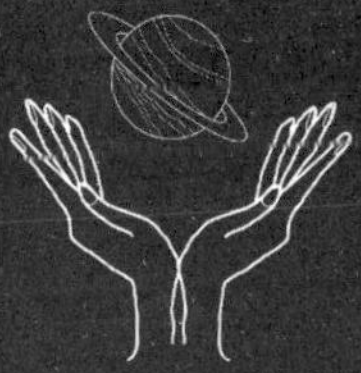

Júpiter

A vida é feita de altos e baixos, nada é estático, tudo se transforma o tempo todo no Universo, e com a gente não é diferente. Se você está numa fase em que se sente por baixo, a roda da vida vem para encorajá-lo a pegar impulso para subir. A flor de lótus nasce no limbo, não se esqueça disso. Faça da sua dor a sua maior força.

Urano

Lidar com situações que não dependem da nossa validação ainda é o meio que o Universo tem de ativar o melhor de nós. Já parou para pensar que, em determinada situação, você achou que não fosse superar e, veja só, não é que você conseguiu? As surpresas trazem um colorido novo para a alma.

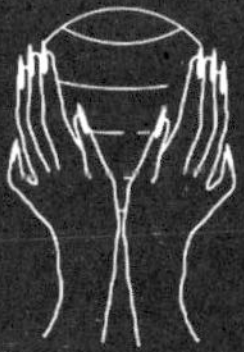

Plutão

Desapegos são necessários neste momento. Você precisa seguir o baile e não vai conseguir se quiser levar nessa mala os ciclos antigos. Quando a gente quer, a gente muda! Então queira e queira grande. Desapegar dói, mas a recompensa é compensatória.

Netuno

A Fé move montanhas!
A vida já é dura demais para que
você não se agarre a algo que
eleve seu espírito. Precisamos crer
que alguma Força está regendo tudo
isso e confiar no processo.
Acenda a chama do seu coração e
creia que tudo vai ficar bem.
Repare: por mais desafiador
que seja o momento, tudo no final
dá sempre certo.

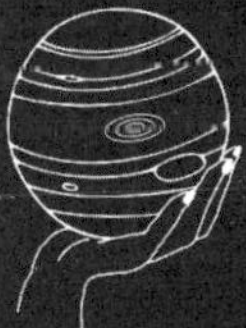

Ainda que você não veja, creia. Ainda que a flor não desabroche, creia. Ainda que o que você tanto espera não tenha acontecido, não esmoreça e creia. A Fé move montanhas. Você precisa voltar a acreditar que tudo é possível e se vestir de sua armadura espiritual, não entregue os pontos. Perder uma batalha não significa perder a guerra.

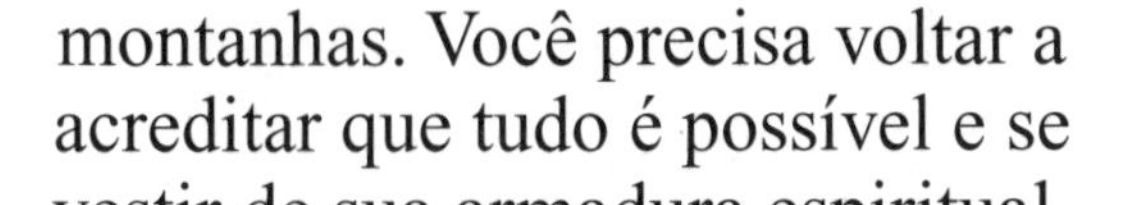

Sol

O ego não é inimigo da essência, ele é aliado! Treine seu ego todos os dias a assumir o seu reinado. Quanto mais consciente nos tornamos, mais a nossa personalidade é moldada. É chegada a hora de você ser coroado e desenvolver Seu Eu interior.

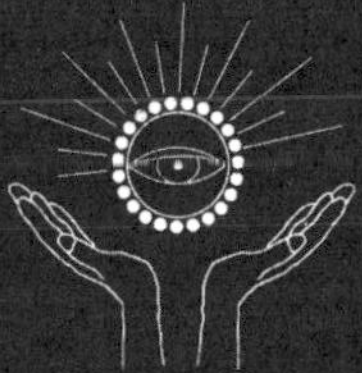

Lua

O inconsciente o guia até que você se torne consciente. Você vem tomando decisões precipitadas no calor da emoção e isso tem gerado consequências na sua vida. Chegou a hora de aprofundar seu autoconhecimento e curar feridas que ainda não cicatrizaram, são elas que estão conduzindo suas decisões.

Mercúrio

Você receberá uma mensagem que pode fazê-lo pensar em qual caminho seguir ou no que investir, isso serve para pessoas, sentimentos ou ideias. Fique ligado nas informações que vai receber, elas serão fundamentais para um recomeço na sua vida, servirão de alerta para o que está atrapalhando você neste momento.

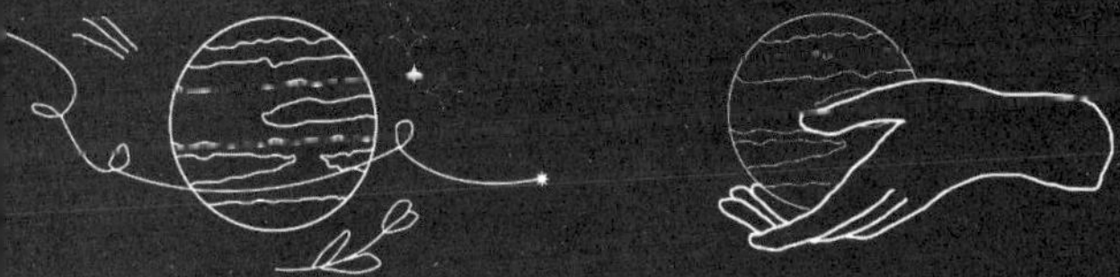

Vênus

Entregue-se aos prazeres da vida. Saia mais, se divirta mais, coloque aquela roupa na qual você se sente incrível. Não espere para fazer amanhã o que você pode fazer hoje. A gente tem mania de guardar, poupar e deixar tudo para datas específicas, pare com isso. Use e abuse de tudo que o enfeita e encanta, você merece!

Marte

A pulsão da vida equivale ao tamanho da sua coragem. O que vibra aí dentro precisa falar mais alto do que os medos ou as inseguranças que você alimenta. Comece hoje a bancar as suas escolhas, independentemente se vai acertar ou errar. Não há erros e acertos nos Planos de Deus. Existem as tentativas de sermos melhores e aprimorarmos ainda mais a nossa força.

Esse vazio aí dentro é o excesso de expectativas que criam sobre você. Não atender ao que os outros esperam de nós gera frustração. Mas... Será que as pessoas do seu convívio sabem quem realmente você é? Não se sinta mal por não ter sucesso nas expectativas alheias, apresente-se aos outros e se sinta bem em não depender da validação de terceiros.

Júpiter

Ser abundante é um estado de espírito. Abundância significa ter muito. Você se sente assim? Você está vivendo de escassez e isso está bloqueando a sua prosperidade. Tome consciência de que você é muito e merece ter muito. O Universo entenderá que é tempo de enviar, porque você se sente pronto.

Urano

É hora de romper com aquilo que atrasa seu lado. Isso pode ser pessoas, sentimentos, lugares e trabalho. As rupturas têm um grande ensinamento por trás, o de fortalecer a crença do merecimento. Quando temos consciência do que não queremos, emanamos para a vida o que desejamos.

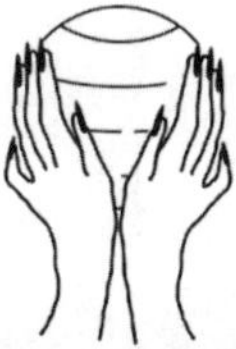

Plutão

Aceite os finais e prepare um novo começo. Existem coisas que já perderam o prazo de validade e você está segurando-as. Segurar dói mais do que soltar. O que tiver de ficar, que fique por livre-arbítrio e não por pressão. No final das contas, não conseguimos segurar o que não está no nosso destino.

Netuno

O que você anda sacrificando na sua vida? Seus sonhos? Seus ideais? O preço é alto demais quando nos colocamos neste lugar de abrir mão ou de renunciar o tempo todo aquilo que a nossa alma deseja. Saia desse lugar e trabalhe a crença do sacrifício.

O Coração Cósmico

Você é filho do Dono do
Ouro e da Prata, nasceu para
prosperar e viver o melhor
desta Terra.
O Criador o fez para ser
abundante, feliz, completo e
instrumento
de luz no mundo. Por onde
você andar vai iluminar,
onde seus pés pisarem
será iluminado.

Sol

Mostre ao mundo as suas capacidades. É chegada a hora de exibir seus talentos. Você acredita em si mesmo? Saiba que todos os sonhos plantados em seu coração fazem parte da sua jornada. Pare de perder tempo castrando o que sua alma deseja.

Lua

Os seus sonhos são mensagens
que seu inconsciente está enviando.
Por vezes, como mecanismo
de defesa, a psique se manifesta por
símbolos que nos deixam com medo,
receio, até mesmo sem coragem.
Saiba que, na parte mais profunda
do seu oceano, tem muita coisa
guardada. Não se assuste,
reconheça, agradeça e libere.
Está tudo bem.

Mercúrio

Você estará com poder na oratória! Está acontecendo uma cura no seu chacra laríngeo, e isso se deve a muita coisa que você tem vontade de falar e não fala, a situações nas quais você deve se impor e não consegue, por isso acaba somatizando tudo. Somatizar é sinônimo de não agir.

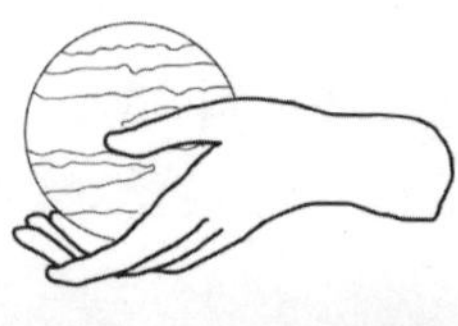

Vênus

Pare de resistir às tentações boas que a vida lhe traz. Você tem negado se lançar aos seus desejos e isso o está apagando. Por vezes, você pode se perguntar: o que está acontecendo que nada acontece? A resposta é simples: nada acontece porque você não se permite se render ao que o seduz.

Marte

A criatividade e a sexualidade se utilizam do mesmo meio para trazer cor para a nossa vida. Nelas estão os impulsos mais primitivos e instintivos da existência.

Você tem explorado essas áreas com qualidade? É preciso desapegar de tabus e antigos padrões conceituais que o aprisionam e não lhe dão acesso visceral em um dos campos mais importantes da vida: o campo dos prazeres. Entendeu, né?

As decepções nos quebram
ao meio, mas ao mesmo tempo
nos libertam da ilusão.
É melhor deixar doer para
não doer nunca mais.
Renuncie tudo o que faz
você sofrer mascarado de
"bem te quero".

Júpiter

Uma vida com propósito
precisa estar alinhada
com quem você é.
Às vezes estamos suportando,
estamos trabalhando com aquilo
de que não gostamos, aceitamos
tudo que vem dos outros e, assim,
apenas sobrevivemos. Está na
hora de você viver quem você nasceu
para ser, não adie mais.

Urano

Rompa com os vícios. Eles
podem ser de cunho emocional
e fazem com que os ciclos se
repitam. Repare no que vem se
repetindo na sua vida e veja se você
não está preso numa teia de crenças.
Desfazer para refazer.
As rupturas são dolorosas,
mas necessárias para o começo
de um ciclo novo.

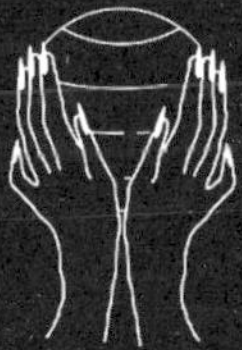

Plutão

O que precisa morrer para renascer?
Há um ciclo finalizando,
deixe-o ir com toda sua gratidão e
amor. Agradeça tudo que nele
foi vivido e aprendido.
Abrace o renascimento,
e aproveite para olhar o novo
com amor e empatia, para um
futuro mais promissor e próspero.

Netuno

Crescemos com a crença de que tudo que tivermos de conseguir precisa ser árduo. Desmistifique agora isso na sua vida. Tudo o que é para ser nosso tem uma força absurda e, quando estamos no fluxo, entendemos que dedicação é diferente de sacrifício.

Você é amado, protegido
e cuidado. Nunca estará sozinho,
se anda se sentindo só,
saiba que todo Exército
Divino o acompanha.
Trabalhe o autoamor e se
nutra de afeto. Feche os olhos
neste momento e sinta o
Abraço caloroso da
Espiritualidade Maior.

Sol

Liberte-se da necessidade de ser como os outros. Inspire-se nas pessoas, mas não seja como elas. Você tem um legado para deixar no mundo e, para que isso aconteça, precisa quebrar as barreiras da timidez. Esteja a postos, é chegada a hora.

Lua

No templo do seu coração,
o caminho já está traçado.
O Céu o convida a olhar seus
sentimentos e a reconhecer um
caminho que precisa começar
agora. Somente quando ouvir a
voz do coração é que você entrará no
fluxo do seu propósito.
Pergunte-se: o que este sentimento
quer me dizer? Você sentirá
que nos próximos dias sua intuição
estará aflorada.

Mercúrio

Desligue o Wi-Fi e se conecte com almas. Saia um pouco da internet. Vá ler um livro, chame um amigo para sair, faça trocas com pessoas reais. Esteja no aqui e no agora adquirindo cultura, conhecendo histórias, comendo seu prato favorito com uma companhia agradável e colecionando momentos de verdade.

Vênus

Lá no fundo, você sabe bem o que quer. Faz tempo que vem flertando com algo ou alguém, mas os padrões de relações passadas o impedem de avançar. Entenda: desafios, teremos! Mas não é por isso que vamos deixar de viver o que nos puxa como ímã. Se você não tentar, nunca vai saber.

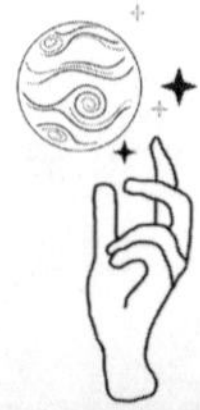

Marte

Enfrente tudo com bravura!
Cada experiência vivida é um
presente para sermos melhores.
Independentemente se vamos subir
no pódio ou não, a questão não é em
que lugar vamos chegar, mas
sim se conseguiremos ir até o final.
Não meça o tempo de que precisa,
foque na conclusão e nos
benefícios de vencer a si mesmo.

Escolha viver o *dharma*, evite fazer *karma*. O *karma* existe para resgate, apenas isso. Não nascemos para sofrer, para pagar por coisas de que não nos lembramos.

O véu espiritual existe por uma razão. Você tem a chance de ser uma pessoa melhor todos os dias, resgatar *karma* é sobre evoluir num ponto. Quando queremos evoluir, nosso olhar muda para a vida.

Júpiter

Júpiter vem avisar que você precisa aprimorar seus conhecimentos. Recicle, faça novos cursos, estude novas ideias, novos conceitos e enriqueça seus conhecimentos. Isso vai lhe trazer mais credibilidade na sua área profissional e lhe trará mais confiança para enfrentar novos desafios.

Urano

Trabalhe a leveza da sua alma.
Deixe a bagagem pesada para trás e recomece. Essa energia traz um frescor de novidade batendo à porta. Se você ainda estiver preso a antigos padrões, não conseguirá dar um salto de Fé.
Arriscar é necessário.
Pule que Deus dará o chão.

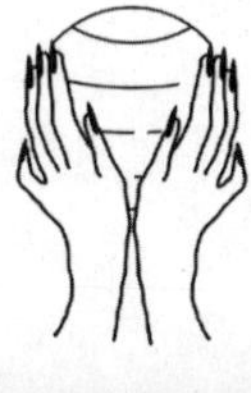

Plutão

O poder de transformação está em suas mãos. Você é o grande alquimista e pode transformar chumbo em ouro. Em outras palavras, faça dos momentos mais desafiadores uma oportunidade de aprendizado e eleve sua energia. A mágica está na forma e nos elementos que você vai usar para criar uma realidade diferente.

Netuno

Cuidado com a ilusão! Você sente que tem alguma coisa errada? Confie nisso. Nosso ego é enganoso e faz a gente acreditar em coisas que, lá no fundo, sabemos que não vão ser boas. Saia da bolha da ilusão, e comece a perceber e a sentir o que de fato é verdadeiro na sua vida.

Faça uma limpeza espiritual, sua energia anda muito baixa.
Não precisa de grandes rituais, é na simplicidade que Deus habita.
Vá para um lugar tranquilo, faça respirações profundas, acalme seus pensamentos, sintonize com a Luz Cósmica. Imagine um foco de Luz azul por todo seu corpo que irradia e se une com o Céu. Mentalize a afirmação: Eu sou iluminado, meu corpo e meu espírito são cristalinos, e somente a energia do Amor habita em meu ser.

Sol

Como você se vê hoje? Que imagem
você quer passar ao mundo?
Comece hoje a assumir o comando
deste barco! Você está desperdiçando
seu tempo e energia com coisas
que não são prioridades
agora. O puxão de orelha
astral pede prioridade.

Lua

Você é um semeador. O que as pessoas fazem com a semente não é responsabilidade sua, não se sinta responsável pelas escolhas do outro. A sua intenção não determina a jornada evolutiva de alguém. Então, não carregue pesos que não lhe pertencem e, genuinamente, continue soltando suas sementes.

Alimente a sua curiosidade, ela é preciosa! É por meio dela que temos a oportunidade de conhecer coisas diferentes. Saia da monotonia e dê uma chance para essa criança interior que é curiosa, autêntica, falante e muito corajosa. Explore coisas, pessoas e vivências novas. A vida está lhe dando um livro em branco neste momento; reescreve a sua história.

Vênus

Há uma versão nova sua que está nascendo e você está resistindo a esse momento. Tem alguém determinado, atraente, alguém que não quer mais procrastinar o que desperta em sua alma. Alguém que quer vivenciar relações saudáveis e que deseja se dar uma chance de ser feliz. Aprenda com o passado e não deixe de se transformar por causa dele.

Marte

Jung disse: "*onde o amor impera não há desejo de poder; e onde o poder predomina há falta de amor*". Você precisa dominar o seu ego e ganhar consciência de que existem batalhas que não valem mais a pena para você. Desistir é um ato de coragem. Não permaneça naquilo que está ferindo você.

Saturno

Essa pressão que você está sentindo vem do ego. Ela vem do querer dar conta. Não vamos dar conta de tudo, não vamos suprir tudo, não vamos conseguir ser um super-herói. Solte a necessidade de salvar o mundo, tenha humildade de salvar a si, já é um bom começo. Trabalhe a humildade.

Você tem se desgastado muito e precisa de uma pausa. Programe umas férias, tire um tempo para viajar, conhecer novas culturas, isso pode trazer um novo olhar sobre seus ideais de futuro. É preciso sair da ilha para entender de fora a dificuldade. Enquanto estivermos no olho do furacão, não vamos conseguir compreender e enxergar a melhor saída.

Urano

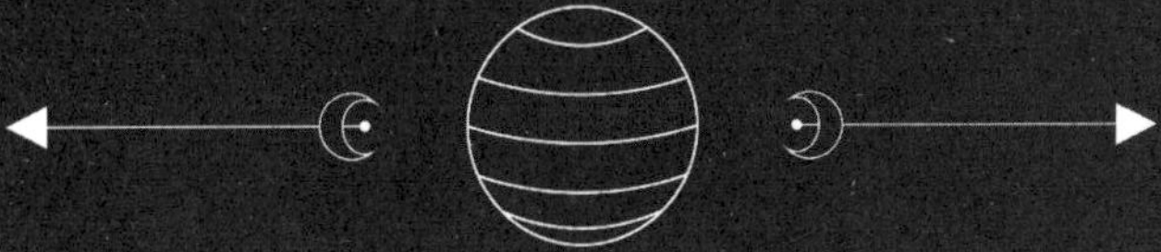

Não acumule informação.
Estamos na era em que somos consumidos diariamente por informações que nos induzem a algo. Tenha consciência do que é realmente bom para você, e crie um filtro energético para que seja selecionado o que vai adentrar no seu Templo Sagrado.

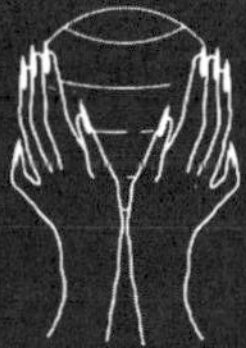

Plutão

Não negue suas sombras,
ilumine-as. Olhe com a cabeça
erguida para seus desafios.
Não é hora de baixar a guarda.
Se estiver cansado, pare para
descansar, mas esteja disposto
a enfrentar e ir até o final.
A vida quer isso de você neste
momento. Avante!

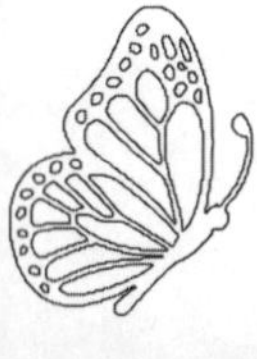

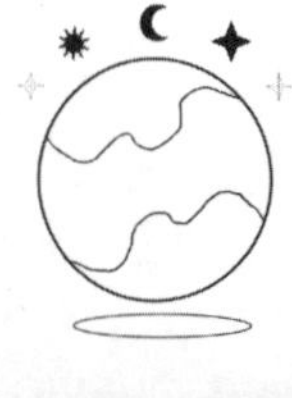

Netuno

Esta situação pede que você enxergue com a razão. Há coisas acontecendo diante dos seus olhos e você está fingindo não ver. Escolha a verdade: por mais desafiador que seja, ela é a única que liberta do caminho da ilusão.

Estou enviando muitos
sinais e você não está
vendo. Todos os dias lhe
envio livramentos para que
nenhum mal chegue
à sua tenda, mas você
precisa ajudar esse processo.
Evite situações de risco,
de falta de amor,
vícios e codependências.
Ative a energia da clareza,
da razão, do discernimento e
faça escolhas melhores.
Eu estou com você.

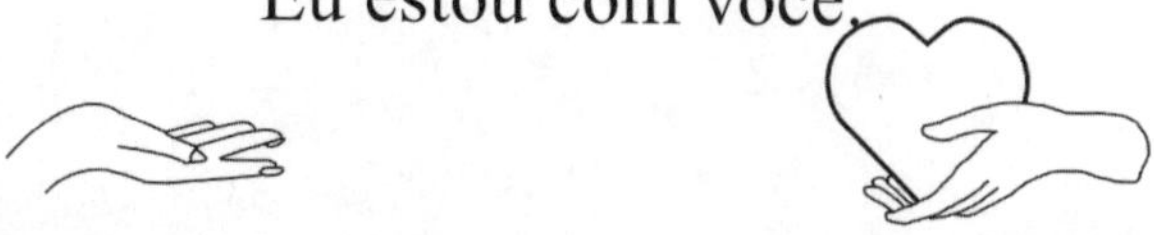

Sol

Não apague sua Luz para agradar os outros. Quem ama a gente de verdade respeita nossas necessidades e nosso espaço. Você tem deixado as pessoas direcionarem o seu caminho. A sua voz precisa ser ouvida, retome o seu poder de escolha, é você quem decide.

Lua

O coração é um baú.
Nele guardamos os segredos
da nossa alma.
Tudo, absolutamente tudo que
vivemos, deixa marcas emocionais.
Abra sua caixa de pandora, faça uma
faxina emocional. Às vezes,
precisamos reconhecer que existem
coisas que o prazo de validade
venceu; agradeça, desapegue e solte.
Abra espaço para novas vivências.

Mercúrio

No plano das ideias é onde tudo acontece. A princípio imaginamos, depois desejamos, logo, arrumamos os meios e fazemos a mágica se materializar. Defina estratégias, recalcule a rota, se tiver de voltar dez casas no jogo, não importa. Não é sobre quantidade, mas sobre a qualidade. Você não está atrasado para nada. Estabeleça suas prioridades e não tente fazer tudo de uma vez.

Vênus

Ao menor sinal de desinteresse, se afaste! Não mergulhe em piscina rasa, você é intenso demais para navegar em águas paradas. Saber se retirar também é um ato de amor e do mais valioso que existe: o amor-próprio.

Marte

Esteja determinado a não parar no meio do caminho. Tudo o que você começar, de agora em diante, vá até o fim. É mais valioso concluir duas coisas com excelência do que começar 100 coisas e não conseguir concluir uma. A frustração vem desse conceito de quem tudo quer nada tem. Seja modesto, mas garanta as suas realizações.

Toda Ação tem uma Reação.
Saturno vem cobrar mesmo.
É aquele momento na vida em que
não há como escapar, a conta
chegou. Saia do vitimismo e assuma
a responsabilidade das suas escolhas.
Tudo é uma consequência do
que permitimos. Pare de reagir
e comece a liderar, é exatamente
isso que a vida quer de você
neste momento.

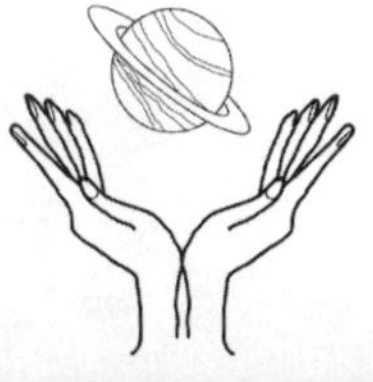

Júpiter

O conhecimento liberta. "Conhecerás a verdade e a verdade te libertará", disse o Mestre Jesus. Busque, tenha sede, vivencie as experiências. Essa sensação de aprisionamento vem da falta de liberdade de estar inserido em coisas que não conversam com a sua alma.

Urano

Você está codependente de algo? Repare se você está condicionado a reagir sempre da mesma forma. Estão querendo cortar suas asas, mas você nasceu borboleta. Alimente suas ideias, aposte no diferente e quebre as correntes do comum. Você nasceu para fazer o extraordinário.

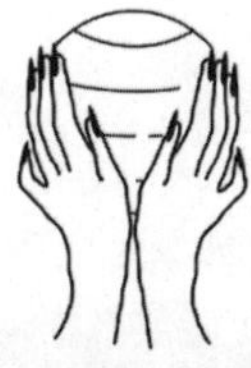

Plutão

A sua profundidade é a sua beleza. Muitas pessoas podem apontar o dedo para você questionando a sua intensidade. Não baixe a guarda. Nem todo mundo compreende o que é ter sensibilidade e empatia. Você tem um propósito lindo e nasceu com esse dom por uma razão que, ao longo da sua jornada, vai descobrir e desenvolver.

Netuno

Existem coisas que ainda parecem
nebulosas ou não se apresentam
de forma clara a você.
Espere, não tome nenhuma atitude.
Com os ventos, as nuvens
vão embora e o Sol logo vem.
É momento de pausar e esperar.
A situação será clarificada
muito antes do que você imagina.

Você me pergunta o tempo
todo por que isso está acontecendo,
e Eu lhe respondo:
reveja suas escolhas, as
consequências sempre chegarão,
mas o fiz forte. Levante a cabeça e
recomece. Estou lhe entregando
um livro em branco e você
terá a oportunidade de
reescrever a sua história.

Sol

Você tem algo especial: seu coração
é bendito. Você foi moldado
e lapidado antes mesmo de nascer.
A sua história deve ser honrada.
Por tanta bondade, você será
abençoado. Há uma Graça vindo
na sua direção, suas orações
serão ouvidas.

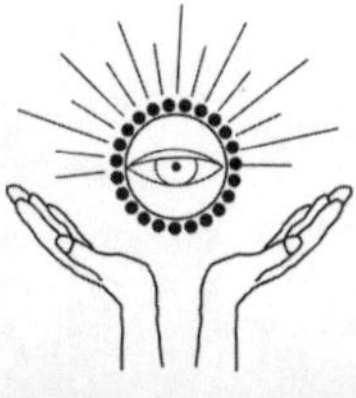

Lua

A magia da vida está em sonhar. O que você queria ser quando era criança? O que você fez para que isso acontecesse ou por que você teve que abrir mão? A vida o convida a olhar para tudo aquilo que o faz sonhar. Ative seus sonhos novamente, conecte-se com o lado lúdico da vida. Quem pode sonhar, pode realizar!

O poder da mente é o que guia nosso destino. Existe uma linha muito tênue entre a intuição e a paranoia, qual delas você está escutando? Silencie a cabeça, pois essa nuvem vai passar. Não é o momento de tomar decisões tão extremas, respire, não pire. Você precisa de um tempo, respeite isso.

Vênus

A arte tem o poder de cura na sua vida. Cocrie e faça valer a pena. Pinte, dance, cante, represente, produza, dê asas para sua criatividade! Leia aquele livro que comprou e está na gaveta, assista a uma série que enriqueça seus conhecimentos, vá a uma exposição, escreva, faça o caderno dos sonhos e se conecte com a arte em todos os níveis. A Criação é Sagrada, busque a sua Fonte Criadora.

Marte

Se você tem sentido a sua energia baixa, precisa dar atenção à raiz do problema. Repare se você tem se empenhado muito em coisas que não são seus interesses, ou se são conflitos de outras pessoas e você está pegando tudo para si. Solte os fardos que não são seus e foque apenas aquilo de que precisa nesse momento. Não seja ansioso: deixe para amanhã os problemas de amanhã e se preocupe com os desafios que você tem hoje.

Você não pode controlar o que o outro faz, mas você pode escolher como vai reagir a tudo isso.
O livre-arbítrio é para todos, mas você pode escolher não aturar mais, não querer mais e se posicionar de forma diferente.
Quando mostramos para as pessoas até onde elas podem ir com a gente, ganhamos autoridade.

Urano

Mudanças positivas estão a caminho! Prepare-se para a virada de ciclo e se posicione. Você vai precisar confiar e soltar. Acredite que essa mudança vai recalcular toda uma rota, mas será recheada de aventuras prazerosas, a qual o levará a lugares que você jamais imaginou.

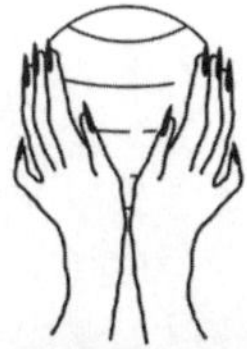

Júpiter

Você não nasceu para estar apegado a conceitos. Você é uma alma livre que veio para traçar o seu próprio caminho. Sua maior beleza está na sua coragem de trilhar seus próprios passos. Não se compare a ninguém, pois isso poderá frustrar você. Sua alma tem a jornada perfeita para libertá-lo de conceitos ultrapassados.

Plutão

Aprenda a lidar com a finitude das coisas. O primeiro passo para a transformação é a aceitação. Não precisa concordar, mas quando algo não depende de você, não existe controle. Aceitar que situações, relações, ciclos têm começo, meio e fim é o melhor caminho para atingir o seu *self,* ou seja, a sua totalidade.

Netuno

Você tem passado por muita coisa. Isso pode ter tirado o brilho da sua vida. Busque a espiritualidade, busque essa conexão de alma. Essa é uma conexão com o Todo, é uma energia Universal. Trabalhe suas crenças de pertencimento. Você faz parte do Todo e o Todo faz parte de você.

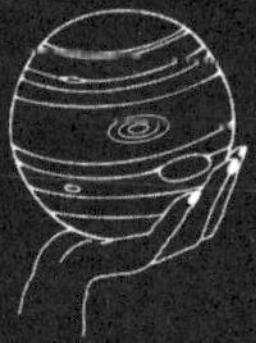

Não se envergonhe do que
aconteceu com você.
Não podemos controlar as
atitudes dos outros, você
entregou o melhor que
tinha e isso é lindo! Não
endureça seu coração
pela maldade alheia,
isso fala mais sobre as outras
pessoas do que de você.
Lembre-se:
“tende bom ânimo,
Eu venci o mundo”.

Sol

Qual foi o momento em que você se perdeu de si mesmo? O que aconteceu que você não consegue mais se conectar com aquela pessoa iluminada, cheia de vida, de sonhos? Sua Luz foi castrada pelas circunstâncias da vida e você precisa ter consciência de que essa angústia no peito é algo que vem prendendo há muito tempo. Reconecte-se.

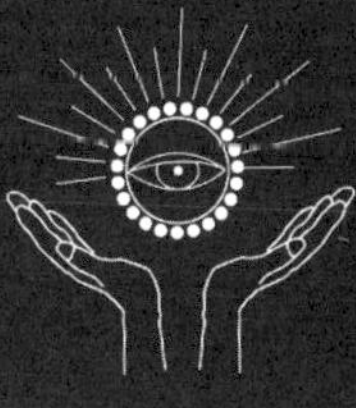

Lua

Cuidado para não se iludir demais. Há situações que pedem mais racionalidade. Por vezes, por amarmos ou sentirmos muito, acabamos por não enxergar a verdade como ela é. Nesse momento, é necessário se conectar com os fatos e não com as expectativas que temos sobre eles.

Mercúrio

Uma ideia promissora pode bater à sua porta! O problema é que você está sabotando seus próprios ideais. Isso pode acontecer por medo, por defesa, por falta de coragem e tudo bem,desde que você tenha consciência de que se não tentar, não vai construir. Elimine pensamentos de vibrações baixas, pois a resposta que você vem buscando há muito tempo está disponível aí dentro. Anote todas as ideias que tiver, uma delas será a que vai mudar todo o processo da sua jornada.

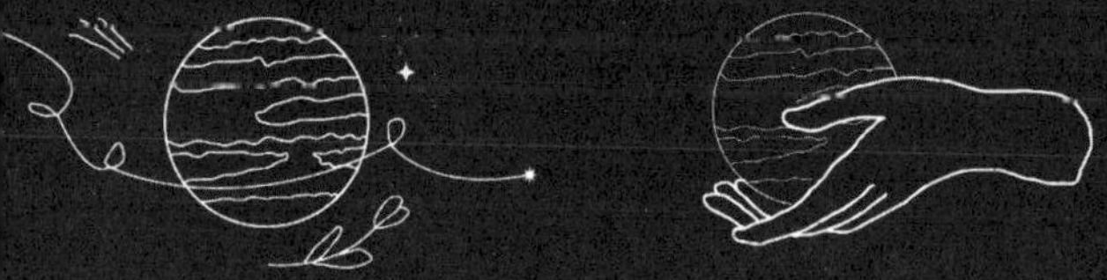

Vênus

A sua produtividade anda baixa? Pare agora de se cobrar e de colocar expectativas além do seu limite. Esse é o momento de separar o joio do trigo e começar com o primeiro passo. Idealizar muitas coisas é bom, desde que seja executável e viável com a sua realidade. Não romantize a produtividade, ela deve ser uma inspiração, não uma obrigação.

Marte

Cuidado com o descontrole: você pode estar se sentindo provocado pela vida e, com isso, acaba por deixar seu vulcão interno entrar em erupção. Não permita que as pessoas estimulem o pior de você, esteja perto daqueles que exprimem o melhor que você possa ser. Afaste-se de situações que o fazem perder a linha.

Conviva com pessoas que
têm responsabilidade afetiva.
Estar na companhia de pessoas egoicas, egoístas, só nos entristece. Busque estar com aqueles
que compreendam sua jornada
e possam agregar. É preciso
ver o outro como nos vemos, amar
o outro como a nós mesmos.
Não se submeta a lidar
com o ego alheio.

Urano

Existe a necessidade de olhar para frente. É hora de superar o passado e começar a organizar as perspectivas futuras. Seja mais idealista, planeje melhor seu caminho, não coloque tanto empecilho onde não existe. É chegado o momento de sonhar novamente e agarrar todas as oportunidades que surgirão no processo. É melhor se arrepender do que fez do que de tudo que não fez por medo ou insegurança.

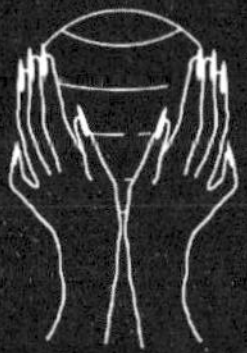

Faça um Caderno dos Sonhos. Liste tudo o que ainda quer viver e desfrutar. Você precisa visualizar a vida que você quer ter. A sensação de estar perdido vem de querer mil coisas ao mesmo tempo. Estabelecer prioridades é um método que funciona nesses momentos.

Vênus

Queira. Queira muito!
O Universo não entende palavras,
Ele entende vontades e intenções.
Não deixe a esperança esfriar
no seu coração e comece hoje uma
aliança consigo mesmo:
não vamos parar até conseguir.
Imagine, visualize isso já
acontecendo na sua vida.
Não existe nada que impeça
a força do querer.

Marte

A reação que você tem fala
sobre a sua tolerância com a vida.
Anda impaciente, sem tempo,
sem disposição para assuntos
profundos? Isso pode ser exaustão.
Quando isso ocorre, é porque
já atingimos todo e qualquer
limite aceitável. É hora de parar e
isso é muito sério. Coloque o pé no
breque e cuide da sua paz
interior, bem como da sua
saúde física, mental e emocional.

Saturno

Em nossa jornada, teremos aflições,
mas lembre-se de que o
Mestre Jesus venceu o mundo!
No final, vamos compreender tudo
isso. Pare de questionar a vida,
aprenda com ela. Desafios,
teremos, e serão muitos, mas
também teremos a bonança.
Depois da tempestade sempre
virá um lindo Arco-Íris.

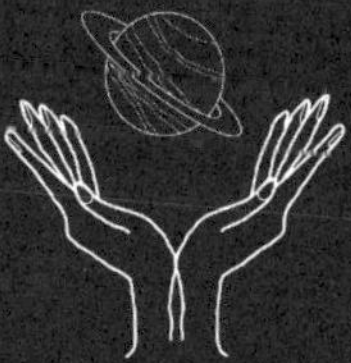

Urano

Quebre essa resistência de que as coisas devem acontecer da forma como você idealizou. Não existem erros no Plano Divino. Jung disse: "*Aquilo que resiste, persiste*". Há crenças enraizadas que precisam ser curadas. Seu coração está lhe guiando para um caminho inovador, mas você insiste em ignorar isso. Preste atenção aos sinais.

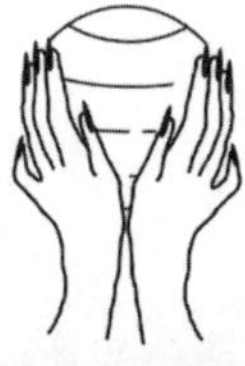

Júpiter

Não perca a esperança. O Universo tem algo grandioso para lhe entregar. Todas as suas súplicas foram ouvidas e você não está só. O Tempo Divino é diferente do nosso, isso significa que ele é Perfeito. Você vai conseguir, você vai conquistar, você vai viver tudo o que sonha. Reascenda a Fé da sua alma.

A ressurreição é o símbolo de que nada morre. Não existe final para acabar, existe final para transformar. A serpente de Ouroboros representa o conceito da eternidade. Você é uma consciência eterna e está aqui para resgatar a sua essência divina. Renasça das cinzas e se conecte com a sua maior força.

Netuno

Essa angústia quer lhe mostrar algo.
Pare de somatizar os fatos.
Quanto mais acumulamos dentro,
mais isso se reflete fora.
Você deve aprender a se posicionar e
a externalizar o que sente, se não
vai sufocar. Não mergulhe no
abismo se não se sente pronto
para isso. Nunca sabemos qual é o
defeito que sustenta o nosso
edifício, já disse Clarice Lispector.

A dor passa, o brilho volta,
nada é para sempre.
Comece a fazer novos planos,
aproxime-se de novas pessoas,
crie coisas novas,
abra sua visão para novas
ideias e desate os nós.
Uma reviravolta
vai acontecer e você
não será mais o mesmo.
Prepare-se para o início
de uma nova história.

Sol

Honre a sua singularidade.
Você foi pensado em cada detalhe
pelo Divino. Não se envergonhe
por ser quem é, pois você é uma
centelha Divina criada para iluminar
e abençoar. Sua missão de alma
está ligada à cura.

Lua

Quem o vê não imagina como estão os sentimentos aí dentro, não é mesmo? Você vem sendo muito forte, mas é preciso ter muita coragem para assumir a sua vulnerabilidade. Estar vulnerável é um processo e, como todo processo, tem começo, meio e fim. Assuma isso e faça uma pausa.

Mercúrio

Fale com clareza e objetividade.
Pare de fazer rodeios,
há momentos na vida que precisamos
assumir um lado e, hoje,
você precisa defender tudo o que
vem construindo. Diga com todas as
letras o que necessita dizer
e para quem for. Posicione-se e
verá uma mudança grande
acontecer, inclusive, você será mais
respeitado e mais bem-visto.
Quem cala, consente.

Vênus

Aquilo que você emana,
você atrai. Não tem outra receita,
tudo o que você vibrar,
algo semelhante vai colar na sua.
É chegado o momento de escolher
e repensar sobre o que você anda
atraindo para a sua vida.
Se não está gostando do que está
chegando, comece a vibrar de
forma diferente.

Marte

O conflito interno não vai levá-lo a lugar nenhum. Você está enfrentando os seus leões e precisa amansar essas feras. Não tome nenhuma atitude precipitada, pois o caos pode se instalar. Uma atitude impensada pode reverberar por meses ou anos e demorar para se desfazer. Use a sua força a seu favor, não contra você.

As experiências que vivemos
são a nossa bagagem. O que
você carrega aí dentro? Quanto
aprendizado, quantas felicidades e
quantas dores, não é mesmo?
Tudo isso fez você ser quem é
hoje, honre a sua história e agradeça
pela oportunidade de estar aqui,
agora, consciente de tudo que precisa
ser transformado.

Urano

É hora de revolucionar!
Liberte-se das prisões que a mente
lhe coloca. Escolha as causas
pelas quais você quer lutar,
nem tudo merece sua intenção.
Você está à frente do seu tempo,
sua alma é inovadora.

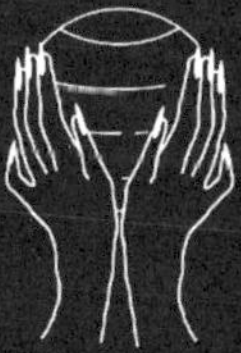

Júpiter

Por que está procrastinando tanto? Coloque um ponto-final em toda limitação que não lhe permite acessar a abundância. É uma decisão buscar disciplina e fazer a diferença. Atitudes diferentes, resultados diferentes. Finalize suas pendências para não acumular tarefas e só assuma algo quando tiver disponibilidade.

O coração de Deus é infinito. Ele lhe dá todos os dias a chance de se tornar um ser humano melhor. Somos poeira cósmica neste Universo vasto, um pontinho de areia em meio ao oceano, mas Ele sabe o seu nome. A sua vida importa, você é único e especial.

Fabí Fortunato

EU VEJO VOCÊ

LIVRO ORÁCULO

MADRAS®